EL APARTHEID

La segregación en Sudáfrica

Por Marie Fauré

En colaboración con Magali Bailliot

Traducido por Laura Bernal Martín

EL *APARTHEID*

- **¿Cuándo?** De 1948 a 1991
- **¿Dónde?** En Sudáfrica
- **¿Contexto?** El ascenso del Partido Nacional afrikáner al poder
- **¿Principales protagonistas?**
  - Daniel Malan, político sudafricano (1874-1959)
  - Nelson Mandela, abogado y hombre de Estado sudafricano (1918-2013)
  - Frederik De Klerk, hombre de Estado sudafricano (nacido en 1936)
- **¿Repercusiones?**
  - La restauración de la democracia en Sudáfrica
  - La elección de Nelson Mandela como presidente de Sudáfrica en 1994

Entre los aspectos más destacados de la segunda mitad del siglo XX, el régimen del *apartheid*, sin duda, ocupa un lugar importante en la mente de los contemporáneos que no puede disociarse de aquel que simboliza su caída, Nelson Mandela, que desde entonces se ha convertido en uno de los mayores representantes de la lucha contra el racismo. La segregación experimentada por las poblaciones no blancas durante este periodo sorprende, de hecho, por su ferocidad y su duración, así como por su impacto a nivel internacional.

El término «*apartheid*» viene del francés «*à part*» («aparte»), recuperado en el idioma afrikáans en el sentido de «separación». Designa una política de desarrollo separado de las poblaciones según criterios étnicos y lingüísticos en áreas geográficas seleccionadas. El Partido Nacional afrikáner establece esta política a partir de 1948, con un gran despliegue de leyes y reglamentos destinados a regular las relaciones entre la población blanca de Sudáfrica y la población no blanca, con el fin de garantizar la dominación económica, social y política de la primera sobre la segunda. Existen dos tipos de *apartheid*: el pequeño *apartheid*, que regula los contactos cotidianos en el espacio público, y el gran *apartheid*, que tiene como objetivo crear áreas geográficas separadas y étnicamente determinadas.

Hasta la abolición del sistema en 1991, la sociedad sudafricana se basa en un sistema oficial de segregación racial a pesar de la creciente condena internacional y de la represión violenta de la oposición, simbolizada por el ANC (Congreso Nacional Africano, por sus siglas en inglés) y uno de sus carismáticos líderes, Nelson Mandela. Aunque la transición democrática es exitosa, hoy en día Sudáfrica debe enfrentarse a muchos retos, tanto económicos como sociales.

CONTEXTO

SUDÁFRICA, UNA COLONIA EUROPEA MARCADA POR LAS RIVALIDADES

La colonización de Sudáfrica comienza en 1652 con la creación de la Colonia del Cabo por la Compañía Holandesa de las Indias Orientales. A este nuevo territorio acuden inmigrantes holandeses calvinistas, a los que se unen progresivamente otros calvinistas procedentes de Francia, Alemania, Escandinavia y las Provincias Unidas (parte septentrional de los actuales Países Bajos). Estas poblaciones blancas, que adoptan el nombre de afrikáners, temen desde el principio ahogarse en la masa de poblaciones negras bantúes presentes en el territorio antes de su llegada. Por ello, tiende a formarse una identidad afrikáner fuerte basada en un idioma —el afrikáans—, en una religión —el calvinismo—, y en actividades tales como la trata de esclavos y su explotación en la agricultura. Esta posición identitaria se refuerza con la llegada de los británicos en el siglo XIX, a los que los afrikáners ven con malos ojos. Esto cristaliza su nacionalismo que, a partir de ahora, se presenta como un movimiento de resistencia contra la opresión británica y cuya doctrina se basa en la idea de que el pueblo afrikáner ha sido elegido y está predestinado para dirigir el terreno ocupado por los primeros colonos.

Pero se cede definitivamente la Colonia del Cabo a la corona británica en 1814, y los ingleses no tardan en establecer una verdadera hegemonía cultural y política, llegando incluso a retirarle en 1822 el estatus de lengua oficial al afrikáans, un ataque directo a su identidad, y a abolir la esclavitud en 1833, lo que debilita su economía. Este último acontecimiento provoca que 14 000 afrikáners abandonen la costa para acudir a territorios del interior (el Gran Trek, 1835-1840) y creen repúblicas independientes al norte del Cabo, entre las que destacan la del Transvaal y el Estado Libre de Orange.

La situación se agrava durante la segunda mitad del siglo XIX tras el establecimiento de una colonia británica acompañada de una toma de posesión territorial más marcada que conduce directamente a la llamada guerra de los Bóers entre 1899 y 1902, y después a la creación de la Unión Sudafricana en 1910, que reúne bajo el yugo británico a las repúblicas afrikáners. A pesar de los intentos de acuerdo entre británicos y afrikáners, sigue existiendo una fuerte oposición ideológica y económica entre ellos. Mientras que los afrikáners buscan desde su llegada controlar a las poblaciones locales mediante la segregación, las concepciones británicas son muy diferentes. De hecho, desde que se convierten al cristianismo debido a las misiones evangelizadoras, se considera que los autóctonos son súbditos de la Corona, algo impensable para los afrikáners, para los que no son más que mano de obra esclava. Además, estos se nutren de un fuerte resentimiento contra los británicos, responsables de miles de muertes durante la guerra de los Bóers. Esta sensación se ve reforzada por el mestizaje relacionado con la explotación minera.

Como parte del contexto de un nacionalismo afrikáner exacerbado, la llegada de personas llamadas *coloured* consolida las bases de las futuras políticas. Los afrikáners se sienten atrapados entre la burguesía anglófona y la mano de obra autóctona e inmigrada. Además, la posguerra hace que los proyectos de independencia afrikáner resurjan. El concepto de Afrikanerdom de Paul Kruger (hombre de Estado sudafricano, 1825-1904), que consiste en un proyecto político de creación de un recinto geográfico íntegramente afrikáner, vuelve al primer plano, y el propio término de *apartheid* es utilizado por primera vez por Jan Smuts (hombre de Estado sudafricano, 1870-1950) en una de sus intervenciones en 1917.

UNA SEGREGACIÓN RACIAL OMNIPRESENTE

En la práctica, las regulaciones en contra de las poblaciones negras se multiplican gradualmente, y lo hacen mucho antes de la evocación del *apartheid*. En 1809, la Colonia del Cabo implementa *pass laws* (leyes de pases) y delimita áreas geográficas con la ley de Glen Grey de 1894. Algunos incluso abogan por la creación de reservas indígenas, similares a las reservas de mano de obra a disposición de los blancos.

La política de segregación racial se ve fortalecida con la creación de la Unión Sudafricana. Las poblaciones no blancas están excluidas del sufragio electoral y las relaciones interraciales se regulan cada vez más. El Native Labour Regulation Act (Ley Indígena de Regulación de Empleo) de 1911 establece barreras raciales en el trabajo, mientras que el Native Land Act (Ley de Tierra Indígena) de 1913 prohíbe a los sudafricanos negros poseer tierras fuera de las reservas. Por último, el Native Urban Areas Act (Ley de Nativos en Áreas Urbanas) de 1923 instaura formalmente la segregación espacial urbana.

Ante esta injusticia, aparece una forma de resistencia, que se pone en marcha o bien mediante la organización de acciones de protesta, o bien a través de la creación de organizaciones y sindicatos, entre ellos el South Africa Native National Congress (el «Congreso Nacional de Nativos Sudafricanos») en 1912, que se convierte en el ANC en 1923. El ANC, que al principio lucha por establecerse como una organización intelectual, se reorganiza en 1943-1944 como un partido de masas, y crea en su seno una Liga de la Juventud, gracias especialmente a la iniciativa de Nelson Mandela, que se radicaliza rápidamente .

LAS CONTRADICCIONES DE SUDÁFRICA A LA SALIDA DE LA SEGUNDA GUERRA MUNDIAL

Al final de la guerra, Sudáfrica es una parte integral del nuevo orden mundial: se adhiere a la Organización de las Naciones Unidas (ONU) el 7 de noviembre de 1945 y se convierte en miembro fundador de la Unesco en noviembre de 1946. Pero el objetivo de la ONU es, entre otros, luchar contra la intolerancia y el racismo, que son condenados en el acta constitutiva que Sudáfrica contribuye a redactar.

Es por esto que el Gobierno laborista que está en el poder anuncia la relajación de la política racial y el reconocimiento de los derechos fundamentales de todas las personas, sea cual sea su color, así como el ejercicio de la ciudadanía para todos. Sin embargo, la población urbana negra supera ampliamente en número a la población blanca, lo que refuerza el nacionalismo afrikáner. Las consecuencias no se hacen esperar, y las elecciones de 1948 llevan al poder al Partido Nacional de Daniel Malan, que ahora puede establecer el *apartheid*.

ACTORES PRINCIPALES

DANIEL MALAN, PREDICADOR CALVINISTA Y POLÍTICO SUDAFRICANO

Retrato de Daniel Malan.

Daniel Malan nace en 1874 en una familia blanca de origen francés de la provincia del Cabo, y crece en la granja familiar junto a un padre que defiende con ardor el calvinismo y la identidad afrikáner. Inicialmente, Daniel Malan se posiciona como un predicador de la Iglesia reformada. Es un orador brillante que poco a poco se impone como una de las grandes figuras del nacionalismo afrikáner de la primera mitad del siglo XX. Darwinista y gran defensor de la unidad del pueblo afrikáner, considera que este último es un pueblo elegido por Dios y destinado a imponer su voluntad sobre las poblaciones indígenas. Se convierte en jefe de Gobierno en 1948, y es el instigador del *apartheid*.

Se retira de la política en 1954 y muere cinco años más tarde.

NELSON MANDELA, ABOGADO Y HOMBRE DE ESTADO SUDAFRICANO

Retrato de Nelson Mandela.

Nelson Mandela nace en 1918 en una aldea pobre del Transkei (al sudeste de Sudáfrica, primer bantustán autónomo bajo el régimen del *apartheid*), y entra en política en 1943. Un año más tarde, crea junto a otros dos militantes la Liga de la Juventud en el seno del ANC, y en 1961 se sitúa a la cabeza de la nueva rama militar de la organización, denominada Umkhonto we Sizwe («la lanza de la nación»).

En 1962 es detenido por sus reacciones en contra de la represión violenta de campañas pacíficas y es condenado a cadena perpetua. El 11 de febrero de 1990 es puesto en libertad gracias al nuevo presidente sudafricano, Frederik de Klerk. Participa activamente en las negociaciones que conducen a la abolición del *apartheid* y a la redacción de una constitución provisional, lo que le vale la concesión del Premio Nobel de la Paz en 1993.

El 27 de abril de 1994 se convierte en el primer presidente negro de la historia de Sudáfrica y en el líder de la Nación del Arco Iris —término utilizado por Desmond Tutu (obispo sudafricano, nacido en 1931) tras la elección de Mandela para caracterizar la esperanza de una nación «arco iris»— hasta el final de su mandato en 1999. Es un símbolo de la lucha contra el racismo, y no deja de defender la democracia, la igualdad y el conocimiento por todo el mundo. En 1999 crea la Fundación Nelson Mandela, cuyo objetivo es preservar y analizar el pasado con el fin de promover la libertad y la igualdad para todos.

Su fallecimiento el 5 de diciembre de 2013 suscita una gran emoción, y se le rinde homenaje en todo el mundo. Desde el año 2009, el 18 de julio, día de su cumpleaños, se ha convertido en el *Mandela Day* por iniciativa de la ONU, que desea así rendirle homenaje y continuar con su lucha.

FREDERIK DE KLERK, HOMBRE DE ESTADO SUDAFRICANO

Retrato de Frederik de Klerk.

Hijo de un político sudafricano, Frederik de Klerk nace en Johannesburgo en 1936. Estudia derecho y se convierte en abogado. Es miembro del Partido Nacional, es elegido representante al Parlamento en 1972 y ocupa varios puestos ministeriales a partir de 1978. Profundamente conservador, demuestra su pleno apoyo a la puesta en práctica del *apartheid*.

Sin embargo, tras su elección como jefe del Partido Nacional en febrero de 1989, y aunque nada lo presagiaba, Frederik de Klerk aboga por primera vez por una Sudáfrica libre de segregación racial, puede que con el objetivo de poner fin a los años de violencia y al aislamiento del país en el escenario internacional. Es elegido presidente en agosto del mismo año, y está en el origen de las negociaciones que acaban con la política del *apartheid*. Así, abre la vía para el establecimiento de una nueva constitución para el país. Recibe el Premio Nobel de la Paz en 1993 junto a Nelson Mandela, al que libera tres años antes. Es el vicepresidente de este último en 1994, y se retira de la política tres años más tarde. Entonces crea la FW De Klerk Foundation, destinada a preservar la herencia de su acción política a través de la defensa de la constitución y la promoción de la diversidad sudafricana.

EL *APARTHEID*

EL ESTABLECIMIENTO DEL RÉGIMEN SEGREGACIONISTA

La victoria del Partido Nacional, asociado al Partido Afrikáner, en las elecciones de 1948, marca la entrada en vigor del *apartheid* que se erige en la política institucional. Temiendo el levantamiento de los pueblos africanos, las medidas instauradas están destinadas a congelar las relaciones entre las razas y los grupos de población, y le reservan derechos democráticos únicamente a los blancos.

Se trata, en primer lugar, de limitar el contacto entre las diferentes comunidades. Para ello, las personas se identifican por su pertenencia racial y étnica y se organizan en cinco clases, tal y como se describen en el Population Registration Act (Ley de Registro de Población) de 1950: blancos, bantúes (pueblos de África central y meridional), zulúes (población bantú de Sudáfrica), indios (asiáticos) y mestizos (los conocidos como *coloured*). También se introducen leyes que rigen las prácticas cotidianas y las relaciones sociales. Así, a partir de 1949 se prohíben los matrimonios interraciales y, un año más tarde, las relaciones sexuales interraciales.

El nuevo régimen también prepara una ley, la Group Areas Act (Ley de Agrupación por Áreas), que define geográficamente el *apartheid*. Con ella, los líderes blancos tienen la posibilidad de racionalizar la segregación urbana al extremo mediante la designación de zonas de residencia y de actividades para cada grupo social y que están completamente reservadas para ellos: es el nacimiento de los *townships* (zonas pobres y mal equipadas reservadas a los no blancos y situadas en las afueras de las ciudades). Estos distritos, formados por viviendas improvisadas y sin infraestructuras reales, están separados del resto de áreas urbanas por zonas tampón, y los pocos puntos de conexión existentes están controlados por la policía, mientras que los negros necesitan un pase para circular.

Foto de una tienda en la calle principal de un township en Sudáfrica.

palabras *Europeans only*, *White persons only* o incluso *Natives only*.

Imagen de una señal que indica que la playa y sus instalaciones están reservadas a la población blanca

Al mismo tiempo, el Gobierno también intenta excluir a los *coloured* (indios y mestizos) de las listas electorales comunes mediante la creación de colegios electorales separados, pero frente a la fuerte oposición del Parlamento y a su invalidación por el Consejo Supremo, esta ley finalmente es derogada en 1956.

Con la llegada de Hendrik Verwoerd (político sudafricano, 1901-1966) al Ministerio de Asuntos Indígenas en 1951, aparece una nueva ley: la Bantu Authorities Act (Ley sobre las Autoridades Bantúes), que organiza el modo de funcionamiento de los bantúes (población negra de Sudáfrica) mediante el establecimiento de autoridades tribales que dependen completamente del Gobierno, lo que fomenta la corrupción y el amiguismo, y mediante la definición de zonas territoriales que les son propias (los bantustanes). Así, nacen diez bantustanes que agrupan a la población negra, mayoritaria en la época, en solo el 13 % del territorio. Las tierras concedidas no son aptas para la agricultura, carecen de recursos y no tienen industrias. Esta ley se complementa en 1959 con la Promotion of Bantu Self-Government Act (Ley de Promoción del Autogobierno Bantú) que pone a los bantustanes en el camino de la independencia, y la Black Homeland Citizenship Act (Ley de Ciudadanía de las Patrias Bantú) de 1970, que atribuye a la fuerza a todos los negros la ciudadanía de un bantustán, independientemente de que vivan ahí o no, y que les retira la ciudadanía sudafricana. El Transkei es el primer bantustán que adquiere la autonomía, en 1963, y más tarde la independencia en 1976, seguido del Bofutatsuana en 1977, del Venda en 1979 y del Ciskei en 1981. En total, el número de negros desplazados a la fuerza durante el *apartheid* se estima en alrededor de tres millones y medio.

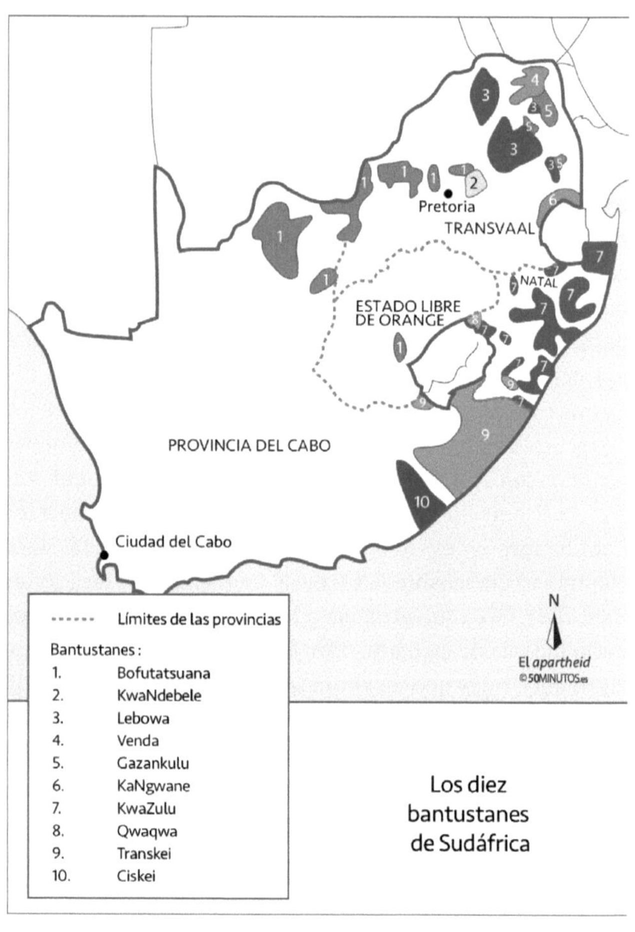

Sobre la base de estas leyes, el régimen se endurece durante las décadas siguientes hasta llegar a su punto máximo en los años ochenta, en los que se multiplican los actos de represión y de violencia frente a movimientos de resistencia cada vez más virulentos por parte de las poblaciones.

LAS PRINCIPALES LEYES DE *APARTHEID*

- 1949: la ley que prohíbe los matrimonios mixtos (Prohibition of Mixed Marriage Act);
- 1950: la ley de inmoralidad que prohíbe las relaciones sexuales entre blancos y no blancos (Immorality Amendment Act), la que se refiere a la clasificación de las personas en función de su origen étnico (Population Registration Act), la que separa las zonas urbanas residenciales (Group Areas Act), la que establece una lista electoral independiente para los mestizos (Separate Representation of Voters Act), así como la que prohíbe cualquier partido político relacionado con el comunismo (Suppression of Communism Act);
- 1951: la ley que organiza un sistema político autónomo en las reservas (Bantu Authorities Act);
- 1952: la ley que se refiere a la obligación de usar pases para negros mayores de 16 años (Native Abolition of Passes and Coordination Documents), así como la que limita el derecho de los negros a residir en la ciudad (Native Laws Amendment Act);
- 1953: la ley sobre el uso de las instalaciones públicas (Reservation of Separate Amendities Act), la relativa a la educación de los bantúes, que establece la segregación en todas las escuelas (Bantu Education Act), así como la que prohíbe el derecho de huelga a los trabajadores negros (Native Labour

(Settlement of Disputes) Act);
- 1954: la ley sobre la reubicación de indígenas que viven en la zona blanca (Native Resettlement Act);
- 1956: la ley sobre el trabajo y las minas que promueve la discriminación racial en el sector laboral (Industrial Conciliation Act);
- 1959: la ley que dota a los negros, a los indios y a los mestizos de universidades propias (Extension of University Education Act), así como la que versa sobre la independencia de los bantustanes (Promotion of Bantu Self-Government Act);
- 1970: la ley que elimina la ciudadanía sudafricana a los negros (Black Homeland Citizenship Act).

LA RESISTENCIA SUDAFRICANA

La resistencia al *apartheid* la lleva a cabo principalmente la comunidad negra, e inicialmente, adopta la forma de campañas políticas. En 1949 promulga su Programa de Acción, una estrategia reivindicativa basada en la no violencia y en la desobediencia civil que se concretiza en 1952 con la campaña de desafío que hace un llamamiento a trasgredir voluntaria y pacíficamente las leyes del *apartheid*.

UN EJEMPLO DE PROTESTA

Para protestar contra el aumento repentino de las tarifas de autobuses que conectan el *township* con el centro de Johannesburgo, situado a diez kilómetros, la población de Alexandra decide en 1955 boicotear el

Para clarificar las reivindicaciones de los *coloured* y de los negros, los representantes del ANC, del Congreso indio, de los demócratas y de la Federación de Mujeres Sudafricanas se reúnen en 1955 y redactan la Freedom Charter (la Carta de la Libertad). Estos reclaman sobre todo la igualdad de derechos y la derogación de la discriminación racial. El Gobierno, al que no le gusta nada esta iniciativa, manda detener a miembros del ANC por traición. Son absueltos en 1961.

Los reivindicadores, que no han sido escuchados, inician nuevas acciones, como la manifestación pacífica de protesta contra el uso de pases impuesto a los no blancos, celebrada en Sharpeville el 21 de marzo de 1960. Ese día, todos los manifestantes se presentan voluntariamente en la comisaría del *township* para ser detenidos por no llevar el pase. El número de participantes es tan elevado que los agentes de policía se ven rápidamente superados y tienen que pedir refuerzos. Un policía tropieza cuando procede a una detención, lo que provoca una estampida hacia los agentes de policía que, ansiosos y desorientados, comienzan a disparar contra los manifestantes. El balance es grave: 69 personas son asesinadas y 180 resultan heridas. En el Cabo, en respuesta a esta represión, el pueblo del *township* de Langa reduce los edificios públicos a cenizas. Entonces, el Gobierno declara el estado de emergencia y prohíbe el ANC y el Congreso Panafricano, obligando a la resistencia clandestina. Frente a tanta violencia, se crea en 1961 un brazo armado del ANC, el Umkhonto we Sizwe (MK), que inmediatamente pone en marcha una campaña de sabotaje de los edificios oficiales. Los líderes del movimiento, entre los cuales se encuentra Nelson Mandela, son detenidos rápidamente y condenados a cadena perpetua.

Foto tomada en 1960 de Mandela quemando un pase.

Los conflictos persisten, y el 16 de junio de 1976 tienen lugar los disturbios de Soweto, el punto de partida de una amplia campaña de violencia y represión. Ese día, mientras que las autoridades nacionales acaban de aprobar una ley que obliga a los estudiantes a utilizar el afrikáans en la escuela, los estudiantes de primaria y de secundaria deciden protestar en las calles de Soweto. Una vez más, la policía interviene con brutalidad y muchos manifestantes pierden la vida. Prosiguen semanas de disturbios y se multiplican los boicots, las huelgas y las manifestaciones masivas, mientras que el MK multiplica los atentados, algo que provoca la instauración de la ley marcial.

Foto de un escolar cargando con el cuerpo sin vida de Hector Pieterson.

El día de Año Nuevo de 1985, Oliver Tambo (militante *antiapartheid*, 1917-1993) hace un llamamiento a los oyentes de Radio Freedom para hacer el país ingobernable. Un año más tarde, más de 54 *townships* han entrado en una guerra abierta. La situación se le escapa totalmente de las manos a los partidos en el poder, y el presidente Pieter Botha (1916-2006) proclama el estado de emergencia e instala al ejército en los *townships*. La violencia policial es ahora el pan de cada día.

LA CONDENA INTERNACIONAL

En 1950, una resolución de la Comisión de Derechos Humanos denuncia los métodos de desarrollo separado de Sudáfrica y, tres años más tarde, la Unesco le pide al Gobierno que reconsidere su política. Pero obtiene como única respuesta su salida de la organización a finales del año 1956.

Las voces contra el *apartheid* son más fuertes después de la matanza de Sharpeville de 1960. El Consejo de Seguridad de la ONU condena el asesinato junto a la Commonwealth, de la que Sudáfrica es miembro. Frente a estas críticas, el Gobierno de Sudáfrica proclama en 1961 la creación de la república independiente de Sudáfrica.

La ONU, constatando la falta de voluntad del país, no deja de emprender acciones contra el régimen del *apartheid*. En 1963 se crea un comité especial, y las Naciones Unidas piden a los Estados que suspendan toda venta de petróleo y de material militar a Sudáfrica. El país es excluido de la Organización Mundial de la Salud, de la Oficina Internacional del Trabajo y del Comité Olímpico Internacional. La Asamblea General de las Naciones Unidas aprueba en 1973 la Convención Internacional sobre la Represión y el Castigo del Crimen de Apartheid, calificando desde entonces al régimen segregacionista como crimen contra la humanidad.

Los disturbios de Soweto de 1976 y el estallido de violencia que desencadenan conmocionan profundamente a la opinión internacional. Ante el endurecimiento del régimen, la condena internacional se hace cada vez más vinculante y económicamente más dura para el país. Mientras que la ONU se niega a reconocer al Transkei como Estado independiente —lo que también hará con los otros bantustanes—, hace obligatorio el embargo de armas en 1977. Durante la década de 1980, las sanciones se multiplican y adoptan la forma de restricciones comerciales y diplomáticas. Así, Suecia, Dinamarca y Noruega decretan un embargo total sobre el comercio con Sudáfrica, mientras que los Estados Unidos, mediante la Comprehensive Anti-Apartheid Act de 1986, suspenden todas las inversiones y los intercambios comerciales durante todo el tiempo que el *apartheid* se mantiene en vigor. La economía sudafricana se ve muy afectada a pesar de sus intentos de eludir las restricciones.

Durante esta misma década, la opinión pública se moviliza para que Mandela sea puesto en libertad, convertido en el símbolo de la lucha contra el *apartheid*. Esto se manifiesta sobre todo en la multiplicación de canciones y de conciertos de apoyo que se le dedican.

Durante su estancia en prisión en Robben Island y luego en Pollsmoor, en Ciudad del Cabo, Nelson Mandela continúa trabajando para alcanzar el objetivo que se ha fijado y que enuncia claramente el 20 de abril de 1964, cuando termina el juicio a los responsables del brazo armado del ANC: «He acariciado el ideal de una sociedad democrática y libre [...]. Es un ideal por el que espero vivir y que espero ver realizado. Pero, si es necesario, es un ideal por el que estoy dispuesto a morir» (González Calvo 2013). Perfecciona sus conocimientos sobre derecho y estudia la historia y la lengua de los afrikáners, creyendo necesario conocer a su adversario para poder construir juntos la paz.

Mientras continúa su búsqueda, se niega repetidamente a ser puesto en libertad y a cumplir las condiciones que le impone a cambio el Gobierno sudafricano, lo que provoca que el mundo entero admire a un hombre que sacrifica su situación personal por la causa que defiende.

EL LARGO PROCESO DE ABOLICIÓN DEL *APARTHEID*

Ahora que la represión es cada vez más feroz en Sudáfrica, Pieter Botha suaviza las medidas vejatorias, aunque no modifica las dos leyes fundamentales del *apartheid*: la Population

Registration Act y la Group Areas Act. Le devuelve poco a poco los derechos a la población no blanca, incluyendo la eliminación de los puestos de trabajo reservados, el sistema de pases y la prohibición de matrimonios mixtos. También abre los lugares públicos para todas las comunidades. Además, vuelven a autorizarse los sindicatos interraciales y los partidos políticos no blancos, con la condición de no haber estado prohibidos en el pasado, lo que excluye por tanto al ANC. Para eludir la ley, la oposición negra crea el Frente Democrático Unido y el Congreso de Sindicatos Sudafricanos (COSATU). Sin embargo, ante la proliferación de la violencia y de las huelgas, el Gobierno reconsidera esta decisión y vuelve a limitar a las organizaciones negras del país.

En 1984, Pieter Botha proclama una nueva constitución, y confiere una especie de derechos políticos a los indios y mestizos, gracias sobre todo a la constitución de cámaras parlamentarias separadas. Al mismo tiempo, este texto refuerza la militarización del régimen y los poderes del presidente, lo que explica su rechazo por parte de las Naciones Unidas.

En un clima general de insurrección, se inician negociaciones secretas entre Nelson Mandela y el presidente sudafricano, pero estas tienen poco éxito hasta la llegada de Frederik de Klerk al poder en agosto de 1989, que desea poner fin al *apartheid*. Aunque inicialmente este último es conservador, desde comienzos del año 1989 considera públicamente que Sudáfrica no puede continuar por este camino y que deben entablarse negociaciones. Lo apoya la ONU, que el 14 de diciembre de 1989 adopta una resolución que apela a que se inicien negociaciones para poner fin al *apartheid* e instaurar una democracia no racial. En su discurso del 2 de febrero de 1990, Frederik de Klerk le anuncia al mundo entero el levantamiento de la prohibición impuesta al ANC y a los partidos políticos, la suspensión de la pena de muerte y del estado de emergencia, así como la autorización de las actividades sindicales y la liberación de los presos políticos. También abre el camino para las primeras elecciones democráticas multirraciales del país. Con este discurso y la liberación de Nelson Mandela el 11 de febrero, Frederik de Klerk envía una fuerte señal a las fuerzas sudafricanas y mundiales, y comienza oficialmente las negociaciones con el ANC el mes de mayo, que suspende definitivamente la lucha armada en agosto. Un año más tarde, en junio de 1991, las leyes fundadoras del régimen del *apartheid* son abolidas.

REPERCUSIONES

LA RESTAURACIÓN DE LA DEMOCRACIA EN SUDÁFRICA

La abolición de las leyes del *apartheid* es solo el comienzo de un largo proceso que conduce a la redacción de una nueva constitución y a la celebración de elecciones multirraciales.

A finales de 1991 tiene lugar en Johannesburgo una Convención por una Sudáfrica Democrática (Convention for a Democratic South Africa, CODESA), y reúne a los delegados de los 19 partidos que representan a las diferentes provincias y grupos étnicos. Su objetivo es establecer negociaciones que deben llevar a la elaboración de una nueva constitución. Aunque en marzo de 1992, Frederik de Klerk recibe por referéndum un mandato para negociar el nuevo texto con el ANC, la intransigencia del Partido Nacional plantea amenazas graves a la Convención. La ONU también establece, a petición de Nelson Mandela, una misión de observación el 17 de agosto de 1992, que pretende ayudar al país a sofocar la violencia y garantizar el buen avance de las negociaciones. La Constitución provisional se aprueba finalmente el 18 de noviembre de 1993. La ONU, que observa una mejora de la situación, levanta las sanciones económicas internacionales.

Nelson Mandela y Frederik de Klerk se estrechan la mano durante el Foro Económico Mundial de 1992.

Aunque las semanas precedentes a las elecciones la violencia perpetrada en los *townships* y reivindicada por la extrema derecha afrikáner hace temer lo peor, el día clave transcurre sin mayores problemas. El escrutinio lleva finalmente al poder al ANC y a Nelson Mandela. Desde el momento de su elección establece un Gobierno de unión nacional representado por sus dos vicepresidentes, Frederik de Klerk por el Partido Nacional y Thabo Mbeki (nacido en 1942) por el ANC. La nueva constitución publicada en mayo de 1996 lleva a que los ministros del Partido Nacional dimitan. En el plano económico y social, el Gobierno implementa desde 1994 un programa de reconstrucción y de desarrollo. Sin embargo, 20 años después de la aplicación de estas medidas, el balance sigue dividido entre el éxito democrático y las desigualdades persistentes.

LA SUDÁFRICA DE HOY EN DÍA

Desde entonces, Sudáfrica se ha convertido en el motor económico del continente africano. Al final de la década del 2000, 158 de sus empresas se clasifican entre las 500 mejores del mundo. Ellas solas representan más del 51 % del volumen de negocios del continente. Sin embargo, aunque la transición democrática tiene éxito, la sociedad sudafricana se esfuerza por borrar las consecuencias del *apartheid* y las desigualdades persisten. El dominio de los blancos sobre los terrenos sigue siendo fuerte y causa tensión social. El ingreso medio de los negros es aún ocho veces menor que el de los blancos, y casi el 45 % de la población vive con menos de dos dólares al día.

Además, las desigualdades siguen siendo geográficamente bastante visibles: la mayoría de los negros todavía vive en los *townships*, incluso después de la desaparición de los bantustanes. Allí, la población se siente excluida del «milagro» sudafricano y traicionada por el ANC, por lo que tienen lugar nuevos levantamientos. El 16 de agosto de 2012, en Marikana, la policía responde con violencia a una huelga de mineros, matando a 34 manifestantes y causando 78 heridos. Por lo tanto, persisten determinadas desigualdades y la reelección a la presidencia de Thabo Mbeki en 2004 no cambia nada.

En última instancia, existen dos lecturas del resultado *postapartheid*. La primera, defendida por los liberales, reconoce el triunfo parcial del régimen debido al éxito de la transición democrática. La segunda hace hincapié en que el *apartheid* continúa visible en el plano socioeconómico en ciertas partes del país: aunque la Sudáfrica de hoy en día ha encontrado una cierta estabilidad, las dificultades que tiene que superar son aún numerosas.

¿EL DEBER DE NO OLVIDAR?

En 1995, Nelson Mandela crea, a través de la ley de promoción de la unidad nacional y de la reconciliación, una comisión encargada de identificar las violaciones de los derechos humanos realizadas entre 1960 y 1993 por los defensores y los opositores del *apartheid*, con el fin de refundar una sociedad «limpia de un terrible pasado»[1] (Hadland 2010). Esta comisión, a la que se llama de la verdad y de la reconciliación, se coloca bajo la dirección de Desmond Tutu, primer arzobispo negro de Ciudad del Cabo que, a través de los testimonios de víctimas y verdugos, busca comprender el pasado restaurando la dignidad de las víctimas. Por último, la comisión está facultada para conceder amnistía a quien lo pida.

Pero las intenciones de la comisión se malinterpretan: mientras que los blancos no entienden la necesidad de revisar el pasado y temen un ajuste de cuentas, las víctimas del *apartheid*, por su parte, expresan su frustración ante la amnistía de sus torturadores, que ya no podrán ser llevados ante la justicia, y a partir de abril de 1996 llevan a cabo una

---

1. Cita traducida por 50Minutos.es

acción judicial contra la legalidad de la Comisión.

La pregunta que busca definir cómo preservar la memoria de lo que fue el *apartheid* no es simple. Rápidamente aparecen dos enfoques opuestos: el primero puede ser representado por el Museo del Apartheid creado en 2001 por el Gobierno, que se encuentra entre las ciudades de Johannesburgo y Soweto. Su objetivo es despertar emociones violentas en el visitante cara a la opresión y a la segregación, y tranquilizarlo en un segundo tiempo a través de la caída del régimen y las medidas adoptadas para abolir el régimen segregacionista. El segundo está representado por el Museo del Distrito Seis, fundado en 1989 por los antiguos habitantes de este barrio, declarado zona blanca en 1966, pero que a pesar de todo se mantuvo multiétnico hasta su destrucción en 1982. El propósito del museo es mostrar los vínculos sociales que destruyó el *apartheid* y cuyos impactos son visibles aún hoy.

Aunque en la actualidad Sudáfrica ha recuperado cierta estabilidad política y económica, aún necesitará mucho tiempo para borrar las heridas del *apartheid* de la mente y del corazón de la gente.

EN RESUMEN

1917
Primer uso del término *apartheid* por Jan Smuts

1948
**El Partido Nacional de Daniel Malan
gana las elecciones
El *apartheid* se instaura como política
institucional**
1949
Establecimiento de un Programa de Acción
por parte de la resistencia sudafricana

1960
21 mar.: masacre de Sharpeville
1962
Detención de Nelson Mandela

1973
El régimen segregacionista es calificado como
crimen contra la humanidad
1976
16 jun.: disturbios de Soweto

1989
***Ag.*: elección de Frederik de Klerk como
presidente de Sudáfriica**
1990
***11 feb.*: Nelson Mandela es puesto en libertad**

1991
***Jun.*: abolición de las leyes fundamentales
del *apartheid***
1994
27 abr.: Nelson Mandela se convierte en el
primer presidente negro de Sudáfrica

- En 1948, el Partido Nacional gana las elecciones y publica en 1950 el primer reglamento que organiza la segregación: la Population Registration Act, que establece una clasificación de la población por raza, y la Group Areas Act, que incluye la segregación racial espacial.
- En 1951, el Bantu Authorities Act crea los bantustanes, áreas geográficas reservadas a la población negra. Esta ley se ve reforzada por la Promotion of Bantu Self-Government Act de 1959 y por la Homeland Citizenship Act de 1970, que convierten estos espacios en territorios autónomos en los que los negros tienen que nacionalizarse. Por lo tanto, todos pierden su nacionalidad sudafricana.
- El 20 de marzo de 1960, en Sharpeville, la policía mata a 69 manifestantes. Tras las violentas reacciones de la oposición negra, el ANC es prohibido y entra en la clandestinidad. Sus dirigentes son arrestados en los años siguientes, incluyendo a Nelson Mandela.
- Un año más tarde, el Gobierno sudafricano, que debe hacer frente a las críticas internacionales, proclama la república independiente de Sudáfrica, lo que le permite salir de la Commonwealth.
- En 1973, las Naciones Unidas reconocen el régimen del *apartheid* como crimen de lesa humanidad.
- El 16 de junio de 1976, la policía dispara contra estudiantes que se manifiestan en Soweto. A continuación tienen lugar varias semanas de disturbios y de feroz represión. Después de este nuevo drama, los foros internacionales endurecen sus medidas contra Sudáfrica.
- En 1978, Pieter Botha se convierte en primer ministro y después en presidente. Suprime algunas medidas vejato-

rias, pero refuerza la represión. En 1984 se presenta una nueva Constitución, que es rechazada por las Naciones Unidas.

- El 1 de enero de 1985, tras un llamamiento a través de la radio, los *townships* se levantan contra el Gobierno. Durante meses, el país se sume en un estado de insurrección. La situación se le escapa totalmente de las manos al Gobierno.
- En el mes de agosto de 1989, Frederik de Klerk se convierte en presidente de Sudáfrica. Inicia oficialmente negociaciones con el ANC para poner fin al *apartheid*. El 11 de febrero de 1990 libera a Nelson Mandela y a los otros presos políticos.
- En junio de 1991, se abolen la Population Registration Act y el Group Areas Act. Es el fin institucional del *apartheid*.
- El 27 de abril de 1994 se celebran las primeras elecciones multirraciales en Sudáfrica, que gana Nelson Mandela. El mismo día, los bantustanes vuelven oficialmente a formar parte del territorio sudafricano.

PARA IR MÁS ALLÁ

FUENTES BIBLIOGRÁFICAS

- Barjot, Dominique y Charles-François Mathis. 2009. *Le monde britannique. 1815-1931*. París: SEDES/CNED.
- Braeckman, Colette. 2009. "Paysans sans terre d'Afrique du Sud". *Le Monde diplomatique*. Septiembre.
- Bris, Isabelle y Cécile Feuillatre. 1996. "Introspections sud-africaines". *Le Monde diplomatique*. Julio.
- Chevalier, Sophie. 2010. "Les 'Black Diamonds' existent-ils? Médias, consommation et classe moyenne noire en Afrique du Sud". *Sociologies pratiques*, n.° 20, 75-86.
- Cessou, Sabine. 2013. "Trois émeutes par jour en Afrique du Sud". *Le Monde diplomatique*. Marzo.
- Corrigall, Marie. 2010. "Mandela revu et corrigé dans *Invictus*". *Courrier international*. 12 de enero.
- H'Artpon, "En bref, histoire de l'*apartheid* en Afrique du Sud". Consultado el 13 de diciembre de 2016. http://www.hartpon.info/ht/?p=58
- Fallon, Ivan. 2010. "Le jour où De Klerk a changé l'histoire". *Courrier international*. 3 febrero.
- Fauvelle-Aymar, François-Xavier. 2006. *Histoire de l'Afrique du Sud*. París: Seuil.
- Fritscher, Frédéric. 2013. *Afrique du Sud. De l'apartheid à Mandela*. París: Le Monde Histoire.
- Nobelprize.org, "F.W. De Klerk – Biographical". Consultado el 13 de diciembre de 2016. http://www.nobelprize.org/nobel_prizes/peace/laureates/1993/klerk-bio.html
- Página web de F.W. De Klerk Foundation. Consultado

el 13 de diciembre de 2016. http://www.fwdeklerk.org/index.php/en/

- Gastaut, Yvan. 2014. "1945: l'UNESCO met le racisme hors la loi". *L'Histoire*, n.° 400, junio, 58-61.
- Guyot, Sylvain. "Essai de sociologie territoriale sud-africaine". *Espaces temps.net*. Consultado el 2 de abril de 2015. http://www.espacestemps.net/en/articles/essai-de-sociologie-territoriale-sud-africaine-en/
- Hadland, Adrian. 2010. *Mandela, une vie*. París: L'Archipel.
- Houssay-Holzschuch, Myriam. 1999. *Le Cap, ville sud-africaine: ville blanche, vies noires*. París: L'Harmattan.
- Colectivo. 2009. *Jeune Afrique*. Suplemento n.° 20.
- Lebec, Christophe. 2013. "L'Afrique du Sud a mauvaise mine". *Jeune Afrique*. Consultado el 13 de diciembre de 2016. http://www.jeuneafrique.com/19311/economie/l-afrique-du-sud-a-mauvaise-mine/
- Lebec, Christophe. 2013. "Négociations salariales à haut risque en Afrique du Sud". *Jeune Afrique*. Consultado el 2 de abril de 2015. http://economie.jeuneafrique.com/regions/afrique-subsaharienne/18564-negociations-salariales-a-haut-risque-en-afrique-du-sud.html
- Naciones Unidas, "Les Nations unies: partenaire dans la lutte contre l'*apartheid*". Consultado el 13 de diciembre de 2016. http://www.un.org/fr/events/mandeladay/apartheid.shtml
- "Malan Daniel François (1874-1959)". *Encyclopædia Universalis*. Consultado el 13 de diciembre de 2016. http://www.universalis.fr/encyclopedie/daniel-francois-malan/
- Mourre, Michel. 1996. *Dictionnaire encyclopédique*

d'Histoire. París: Bordas.

- Nelson Mandela Foundation. Consultado el 13 de diciembre de 2016. https://www.nelsonmandela.org/
- Rivière, Philippe. 2008. "L'*apartheid* au musée". *Le Monde diplomatique*. Abril.
- Sean, Jacobs y Vincent Foucher. 2006. *Afrique du Sud. Au-delà de l'arc-en-ciel*. Michigan: Universidad de Michigan.
- González Calvo, Gerardo. 2013. "Un ideal por el que Mandela creía que merecía la pena morir". *El Mundo*. 7 de diciembre. Consultado el 13 de diciembre de 2016. http://www.elmundo.es/internacional/2013/12/07/52a-38b270ab740b5768b4576.html

FUENTES COMPLEMENTARIAS

- Bullier, Antoine. 1988. *Partition et répartition: Afrique du Sud, histoire d'une stratégie ethnique (1880-1980)*. París: Didier érudition.
- Coquerel, Paul. 1992. *L'Afrique du Sud des Afrikaners*. París: Complexe.
- Darbon, Dominique. 2000. *L'après Mandela. Enjeux sud-africains et régionaux*. París: Karthala/Hommes et sociétés.
- Guillaume, Philippe. 2001. *Johannesburg, géographies de l'exclusion*. París: Kartala/Hommes et sociétés.
- Jeannotat, Claire-Marie. 1995. *Histoire inavouée de l'apartheid. Chronique d'une résistance populaire*. París: L'Harmattan.
- Mandela, Nelson. 2010. *Conversations avec moi-même*. París: La Martinière.

- Moutout, Corinne. 1997. *Défi sud-africain: de l'apartheid à la démocratie. Un miracle fragile,* suplemento n.° 99. París: Autrement/Monde.
- Porteilla, Raphaël. 2010. *L'Afrique du Sud: le long chemin vers la démocratie.* Gollion: Infolio/Illico.
- Tutu, Desmond. 2004. *Amnistier l'apartheid, Travaux de la Commission Vérité et réconciliation.* París: Seuil.

FUENTES ICONOGRÁFICAS

- Retrato de Daniel Malan. La imagen reproducida está libre de derechos.
- Retrato de Nelson Mandela. La imagen reproducida está libre de derechos.
- Retrato de Frederik de Klerk. © US Department of States.
- Foto de una tienda en la calle principal de un *township* en Sudáfrica. © Heinz-Josef Lücking.
- Imagen de una señal que indica que la playa y sus instalaciones están reservadas a la población blanca. La imagen reproducida está libre de derechos.
- Foto tomada en 1960 de Mandela quemando un pase. La imagen reproducida está libre de derechos.
- Foto tomada por Sam Nzima de un colegial cargando con el cuerpo sin vida de Hector Pieterson. La imagen reproducida está libre de derechos.
- Nelson Mandela y Frederik de Klerk se estrechan la mano durante el Foro Económico Mundial en 1992. © *World Economic Forum.*

PELÍCULAS Y DOCUMENTALES

- *La última tumba en Dimbaza*. Dirigido por Nana Mahomo. Sudáfrica, 1972.
- *Classified People*. Dirigido por Yolande Zauberman. Francia, 1988.
- *Una árida estación blanca*. Dirigida por Euzhan Palcy, con Donald Sutherland, Marlon Brando y Jürgen Prochnow. Estados Unidos, 1989.
  Se trata de la adaptación de la novela epónima de André Brink.
- *La comisión de la verdad*. Dirigido por André van In. Francia, 1999.
- *Cerca de la libertad*. Dirigida por Philip Noyce, con Derek Luke, Tim Robbins y Bonnie Mbuli. Estados Unidos, Gran Bretaña y Sudáfrica, 2007.
- *Goodbye Bafana*. Dirigida por Bille August, con Joseph Fiennes, Dennis Haysbert y Diane Kruger. Francia, Italia, Gran Bretaña, Sudáfrica, Bélgica, Luxemburgo y Alemania, 2007.
- *Passé Komatipoort*. Dirigido por Sylvain Sailler. Francia, 2009.
- *Invictus*. Dirigida por Clint Eastwood, con Morgan Freeman, Matt Damon, Tony Kgoroge. Estados Unidos, 2010.
- *Criadas y señoras*. Dirigida por Tate Taylor, con Emma Stone, Jessica Chastain y Viola Davis, Estados Unidos, India y Emiratos Árabes, 2011.
  Es una adaptación de la novela epónima de Kathryn Stockett.
- *Mandela: Un largo camino hacia la libertad*. Dirigida por

Justin Chadwick, con Idris Elba, Naomie Harris y Tony Kgoroge. Gran Bretaña y Sudáfrica, 2013.
Es una adaptación de la autobiografía epónima de Nelson Mandela.
• *Zulu*. Dirigida por Steven Silver, con Orlando Bloom y Forest Whitaker. Francia y Estados Unidos, 2013.

CANCIONES

• *War* de Bob Marley, 1976.
• *Biko* de Pieter Gabriel, 1977.
• *Apartheid* de Peter Tosh, 1977.
• *Nelson Mandela* de los Specials, 1984.
• *Nelson Mandela* de Youssou Ndour, 1985.
• *Apartheid is nazism* de Alpha Blondy, 1985.
• *Asimbonanga* de Johnny Clegg, 1987.
• *Bring him back home* de Hugu Masekela, 1987.
• *Mandela Day* de Simple Minds, 1988.

MUSEOS Y EDIFICIOS CONMEMORATIVOS

• Museo del Distrito Seis, en Ciudad del Cabo, Sudáfrica.
• La casa de Mandela en Soweto, Sudáfrica.
• El Museo del Apartheid, en Johannesburgo, Sudáfrica.
• La prisión de Robben Island, en Ciudad del Cabo, Sudáfrica.
• El memorial y museo Hector Pieterson, en Soweto, Sudáfrica.

www.en50Minutos.es

ISBN ebook: 9782806278517

ISBN papel: 9782806281807

Depósito legal: D/2016/12603/235

Libro realizado por <u>Primento</u>*, el socio digital de los editores*